AF607298
AVERSO

ERREPIKAPEN
IZARREN AZPIAN

JULIA OTXOA

FELIPE JUARISTIREN ITZULPENA

AVERSO POESIAren Bildumako 21. Zenbakia

Errepikapen izarren azpian

Averso Poesiaren ardurapeko edizioa
www.aversopoesia.com

hola@aversopoesia.com

Euskarazko edizioa: 2025eko uztaila
ISBN: 979-13-990436-7-9
Legezko Gordailua: GR 1035-2025

Espainian inprimatua

Liburu hau inprimatzeko erabilitako papera ekologikotzat onartua da eta modu iraunkorrean kudeatutako basoetatik dator.

ERREPIKAPEN IZARREN AZPIAN

JULIA OTXOA

Ricardori

«Eta ez da beldurra izango, izua ere ez, Akiles etxera bueltan ekarriko duena. Edertasun suerte bat izango da, edertasun ezberdina, harena baino itsugarriagoa, eta askoz ere lasaigarriagoa».

Homero, Iliada.
Alessandro Baricco

I

ZITROINA ETA EZPATA

NON, GILTZA?

Non aurkituko eguerdiko
fruituaren giltza,
elur-urte hauek eztitzeko?

AIENATUA

Vasili Kandinskyren margolanek arte abstraktuari
bidea ireki ziotelarik,
Lehen Gerra hasi zuten Europan,
geroxeago, Bigarrena etorriko zen,
eta René Char poetak idatzi zuen:

«Oi, Historia! Mundua, hain ibilia da
zu iritsi ostean,
ezen gaur ez da hezur-ontzi bat baino,
ankertasun zina.
Oi, dama aienatua, zoriaren neskame...!

Mende basatian bizi gara.

Ba al da menderik, baina,
halako izan ez denik?
Giza historian barrena,
gure endakoen kontuak
indarraren eta ezinikusiaren
sorbaldan eraman dituzte.
Behin baino gehiagotan gure armairuak
hilez izan dira jantziak.

Harrokeriaz bota ditugu sutara
pentsamendu liburu handiak,
bizitzari muzin eginez,
geure hondakinen gain altxatu gara
erauzitako gauzen usaina
daramagula soinean.

Badirudi
zeru sabaiaren azpian *Homo sapiens* arrotzok,
harroturik, ez-ezagutzaz hordi,
presaka ez goazela inora.

HANNAH

Hannah, nola lortu zenuen izugarrikeria kontatzea?

Itsutu eta gero
ukuiluetan galtzen den argi hori.
Auschwitzeko bideak itzulera egin du.

Zer geratu da hizkuntzak betetzen zuen tokian?
Haragia baino ez, isiltasunaren hondamendia kirika.

Munduak dirudi harrizkoa,
hirutan bortxatu dute egunsentia,
mamuen ondoren mamuak,
gure nortasun ikurrak
zabortegian jasoak.

Piztiaren neurriak halakoak, ez ikusteraino.

Zer izan zen hura baino lehenago?
Izan al zen lehenagorik?
Haren kiratsak, gure etorbideen
ur goxoarekin nahastuak,
ispiluetan ezabatzen gaitu.

Garratzak, ehortzi gabeak,
XXI. mendean gara sartuak.

Hannah, Hannah, ikuskizun hau antzinakoa da.

HARRIDURAZ

Ankerkeria egun oro, hala ere
basakeriak asaldatzen gaitu oraindik,
ohitu nahi ez dugun seinale.

BIKTIMEN BEGIETAN IDATZIRIK

Biktimen begietan idazten dut,
oroimena,
elurretan ereiten duenak nola,
mirari baten esperoan,

zauritik idazten dut,
basakeria errepikatutik,
garai ilun batean
Alemaniaren adiskide izan zen
lurralde honetatik.

Zuek ekarri nahi zaituztet gogora,
bizitzatik gogor erauziak izan zineten-eta,
tartean, zu zeu, aitona,
zakurrek zure hezurrak hozkatu zituzten,
hezur-ekipaje hori bidaide,
aurrera doa nire hitza,
nire ezpainek miazkatzen zure burezurra,
balek zulatua.

Zu zautzan zuloan,
barkamen eske ari natzaizu,
ez nuen asmatu izugarrikeria esaten,
eta nire lantua uzten dut,
txoriek eraikitako aldarean,
gaua besoetan kulunkatzeko
eta goiza iratzartzeko.

«Krimenaren ostean zulora bota zintuzteten
hiru zakur bizirekin batera».
J. O.

ZUEN MINA KONTATZEKO EZINTASUN HAU

Ihes egiten dit hitzak,
izan nahi ezta tematurik,
zauri batetik bestera doa,
ertzetan uzten nau eskegita, ni errudun banintz bezala,
izpirituaren mintzoa nik deseginik,
nire ezaz garaile karrikak korrituko banitu bezala,
eta nagusitzen utzi banio bezala
sasi hizkuntza arimagabeari,
iltzedun bota aurpegia joka bezain baldarrari,
eta eguna balitz bezala
honako hasperen ahul hau, zirriborro bat hain zuzen,
non alderrai nabilen.

Haren absentziarekiko leialtasun betea,
hitza desegiten zait gau errukarrietan,
haren legea da nire buruaz ahanztea,
espazio intimoan ez sartzea,
non naizenari eusteko saioa kostatakoa zaidan,
disidentziak botatzen nau harengandik urrun, zornedun,
ez-lekura.

Isiltasunak batzen gaitu,
espazio huts halakoa hark zabaldu duena bion artean,
ispilu-galeria amaigabea nola, gau eta egun hor nabil

neure buruaren bila, dena erantzirik, joko izugarri honetan
lehenago idatzitakoa ezer ez balitz bezala,
ez bada orainaren desertu ozena zehaztu eta ixteko,
haren ezaren lainopea.

Norbaitek nik idatzitakoa
har dezake hitz jokotzat,
isiltasuna da ordea,
suntsipenaren bide ezberdinak
ezkutatzeko modu etsia,
nire mututasunaren neurriko ihesa,
berbak ez dira beraz giltzak,
zentzumenaren galera baizik,
ahazmena, sats-liburua.

Haren uko egiteak ezintasuna dakarkit,
simulakrorako eszenografia,
idazten ditudan hitzak ez dira hitza,
hark badaki, hemen ezer ez da hazten,
hau ez da denbora, hau ez da denbora...

Ezerk ez du irauten, enigma izendatzeko
nire ezintasuna ez bada.
Inguruko munduaren hotsak gortzen.
Nahi nuke oholtzara igo eta oihuka hasi: Begira,
begira denok, nire aurpegian ez dago mihirik!
Aspaldi ekin nion bidaia luze bati
eta ezin ezer esan!

Hark isiltzea erabaki du, nire baimenik gabe,
denbora oro zentzurik ez duten hitzak amesten ari naiz,

nire isiltasunaren zuria ez da soseguarena,
areriorik gabeko borrokan isuritako odolarena baizik,
neketsua da baina ez hilgarria.

Jakin dut nahiz eta bilatzen saiatu
esanezinaren desorientazioan
galderetan gordeko naizela,
harria ez da gardentzen
nik nahi arren,
nire bizitza guztia,
orain ezagutzen ez dudan hizkuntza batean bildua,
arrotza zait.
Nire baitaren beste muturretik ez dakit
nola idatzi ditudan nire liburuak,
ez dirudite nireak.

Nor izan nintzen orduan?
Egiten dudan unibertsoaren itzulpena oro
iruzurra iruditzen zait.
Nola idatzi hondamendi honetatik?
Harri xehezko mututasuna naiz,
mundua mingarri zaiona bere baitan,
nola erditze bat argirik ez ikustera kondenatua.

Hitz idatziaren ordez ispilu gaitza,
eldarnioaren taupada gramatikatzat,
metafisika hautsi eta arrotza.

Pentsamenduaren objektuak badoaz
zorabio batetik beste batera irteerarik gabe,
nire eskuek ez dakite,

nire hatzen hezurrek ezin
itxura eman haiei paperean.

Zein da hainbesteko energiaren bultzagilea,
ezin kontatu ahal izateko
zuen minaren neurria?

GAUEKO ALFABETOA

Gaueko alfabetoa esatea, kontatzea, gogoan hartzea,
kontrakarrean, denek gure inguruan isiltzeko
agintzen badigute eta ahazmena badator ere
lainoz jantzitako osteekin.

Zauria esan, mina ez dadin errepika.

HUGO VON HOFMANNSTHALEN LORD CHANDOSEN GUTUNARI BURUZ

Ispilu gaitzen gramatika hau,
porrotaren mintzaira hau.

Bai, badakit gauzak irakurtzeko baldartasunaz,
esanezinaren agerraldia
esateko ezintasunaz.

Badakizu, Hofmannsthal,
ulertzen zaitudala,
baina ezin zuri jarraitu isiltzeko asmo horretan,
ezin dut hitza bazterrean utzi,
traketsa bada ere,
errauts pixka bada ere
haizearen eskuetan,
haren konpainian, izan ere,
edertasunaren bila nabil hondakin artean.

Bila aritze horrek marraztu ditu nire egunak,
neke-etsipenak maiz astindu naute ni,
mundua ameskeriez gizendutako totelkeriatik
baino adieraz ez dezakedana,
behin eta berriro huts egin dudana
esanahiak itzultzean,
noiz edo noiz inguruka ditugun mamu horiek,
banpiro algara errugabeak eginez.

ERREPIKAPEN IZARREN AZPIAN

Kalean barrena dabil ortodoxiaz apaindutako aldi bat,
lau haizeetara aldarrikatzen du,
salbatzekotan, geure burua ezabatu behar dugula,
eta burdina goriz egindako beste bat jarri ordezko.

Hilen arteko ordena berri honen
ikasleak kantari dabiltza,
inauteri baldarra ospatzen bezala,
eta, oraindik ere, irribarre axolagabeaz jotzen
agintari-makilarekin,
burezur tristeak,
ezpata-musuz euripean
kuiak etxe orratzetatik behera
botatzen dituen huraxe bezala.

Ihesari ekiten diot berriro, ez dut lorik egin nahi.

Memoriaren leihoa irekitzen dut,
hantxe da Osip Mandelstam poeta
niri begira,
kontzentrazio-zelai batean hiltzen ari,
1938. urtea,
Sobietar Idazleen Elkarteak
Stalinen etsaitzat joa.

Haren bertsoek gogorarazten
errepikapen izarren azpitik gabiltzala:

«Eta gau osoa igaro zuen bisitari estimatuen zain,
ate-sarrailako katetxoarekin jolasean».

DOMINAK

Latorrizko dominek
gerrako miserian distirarik ez.

MOON HOTEL

Beti inauteri ilargiaren hotelean.
Noiz arte jabetuko da negua gure bizitzetan?,
aurreiritzi mendikateak bidea ixten bizitzari,
mozorroak justiziaz eta askatasunaz mintzatzen.

Gau eta egun dabiltza apatxak erakusten
zapata guztien zuloetatik kanpo,
agiriek
sastegirik lizunenak baino usain gogorragoa botatzen.

Inauteria hemen ez da inoiz amaitzen.

Indar bortitza,
burmuina trokelaz joa,
osasungarriaren partitura amaiezina dira,
ohituraren barneko zuzentasunaren erakusle.

Nazio bakarraren mamua,
astoen enda imintzioka sastegian.

Eguna argitu du ilargiaren hotelean,
hemen beti bezala daude
hasieran bezala krimenaren eta errepikapenaren hortzak,
momiak eta ikurrak,
gorrotoaren munizioa,
beltz dator goiza bederatzi milimetro Parabellum.

BASAMORTUAN BARRENA

Baina mundua itzultzeko
hitzaren falta hori ere,
bere burua erakusteko ezina,
gauzen aurrean biluztasun hutsa,
basamortuan barrena ibiltzearen zergak dira
garbitasuna eta umiltasuna lortzeko,

klarion kolpe bat bekokiaren gainean,
zirriborro bat,
hutsune argitsua,
berriro hasteko.

EHIZAKIA EZIN HARRAPA

Zenbat aldiz atera zen ehizara eta ezer gabe itzuli etxera!
Gauak harrapatu zuen bera
ibilaldi luzeak egin ondoren unaturik,
eskuak hutsik,
eta neke alimaleko hura gainean,
ehizaki ikarati eta apenas sumatuen atzetik arin ibiltzea
beti eragotzi ziona...

Ondotik ikusi zituen igarotzen ehiztari garaile
eta burgoiak
testu argizko zapiak eramanez.

Baina bera galdu egiten beti
hitzen zinegetika deitzen zen kontu hartan,
labirinto hartan
eta bertan meteorologia ere alde ez,
urtaroen garai arrotz hartan,
egutegi ero batean nahasturik,
eta ekaitzek begiak itsutzen,
haizez eta kazkabarraz udan jotzen.

Bai, sua ere piztu zen negu gorrian,
eta lainoa uztailean, laino sarria,
hainbestekoa non maiz ez zen gauza izan
itzulera bidea aurkitzeko,
eta goizak harrapatu zuen isiltasunak zauriturik
hizkuntzarik ez zuten lurralde ezezagunetan.

Egunak igaro ziren zerupean,
hitzen bila,
bat bakarra gutxienik, idatzia abian jartzeko,
zirriborro txiki bat paperezko etxea eraikitzeko,
airezko zutoinekin.

HEZURTEGIAK

Dei egiten dizut, Antigona,
hezurtegiak ezkutatzen dituen
isiltasunaren inpunitatearen gainetik.

GOROTZAREN AUTOA

Gure ongi-izatea
esklaboen mundu baten bizkar.

Errukiaren aurrean itsu,
bizitzaren alde topa egiten dugu,
garai barbaro baten letaginen gainean.

Gure egunak dira izpirituaren puskak,
gorotzaren auto bat,
heresia hautua,
oihuka esatea aski da.

Lukurreriaren auzitegi gorenean,
mea culpa orokorra esateko saioa oro
susmopean.

ERRALDOIAK

Ziurtasunik ezak
erraldoi gaitu egiten,
egunaren burdinari mehearen gain,
oreka ezezagunei argi emanez,

ez genekien bizi gintezkeela
zorurik gabe oin azpian,
gure paperezko etxeak haize gogorrak mehatxu eginez.

ULISES

Ulises, gaur ezinezkoa zuretzat Itakara iristea,
gure itsasoak plastikoz josita daude,
hil-mihise ilunak dira naufragoentzat,
Europako mugetan
baztertu dituztenentzat,
argia itzali dietenentzat.

HITZALDI HUTSALEN BARAUA

Hitzaldi hutsalen barauak
eta munduaren zaratak
argiz jotako isiltasun bihurtzen gaituzte.

Ondo-ondoan handikiro
arnasa hartzen duen sustraia entzunez,
ohituratik urruntzen den oro adituz.

Ezeztapenari eutsi,
lorategia irudikatu basamortuan,
behin eta berriro jardun,
harearen legeei aurre egin,
haizea eta errautsa besterik ez den
erdiguneari muzin.

ANTZEZPENERAKO HITZAK

Zenbatu ezin irudia eta zentzumena.
Nola bereiziko ditut hiztegiak
erretzen duten harrietatik?

Zauri irekia denboraren saihetsaldean,
esanahien traizioaren lekuko naiz.

Hizkuntzaren jainkoek nire aurrean
istripu berebizikoak erakusten.

Antzezpen zeremonia handia da.
Hizkuntzaren karpapean
jaio berritan hil duten orein kumearen
odola dario,
haren larru biguna izango
lege sakratuen liburuen azala.

Mingarri da heriotza irakurtzea orrietan,
baina mundua hitzez hordi mutu da,
ikuspegi infinituaren aurrean bezala,
mozorro guztiak kendurik.

ZUEK

Zuek, amets bidea
erakutsi didazue,
gauaren
eta piztien aurreko
harridurak
hil arte zaurituak izan zineten,
eta, hala eta guztiz ere,
erein zenituzten nire odolean
biharamuneko nabigazio-mapa,
argiaren sustrai sakona,
lagun egidazue orain egunsentia babesten,
lokatz bigunarekin,
haurraren irribarre inozoarekin,
eta egunaren hondarrak,
hegal-ikara bat bezala,
argitzen dituen makaltasunarekin.

BEILA

Nire eginkizun bakarra da beilan egotea,
minaren aldarearen aurrean belauniko,
errugabeen hezur hautsiek
hitzik gabe esaten dute esan nahia,
argi-galdera goia dira guretzat,
bat-batean hain adintsuak eta hain txikiak.

Dena dela,
Albert Camusek sumindurik oroitzen zuen bezala:
«biktimak traba dira...»,
eta gauzen alderdi honetan,
ahanztura ernamuindu delarik,
arropa-saltzaileek irekitzen dituzte
denda berriak hirian barrena.

Laster dena ikusiko dugu haiekin beteta,
eta besterik gabe ibiliko gara
basamortuz jantziak,
objektuen arasen eta
kutxa erregistratzaileen artetik.

Gaixotasuna sukarra da,
kontabilitate arrotzeko orrian,
«normaltasun» hitza idaztera
behartzen gaitu.

GARBITASUNETIK IHESI

Ihes egin dut garbitasunetik, mutilazio tokia balitz bezala, eta haren epaiketa sumarisimotik eta hondakinen eta gorpuzkien erregetzatik ere bai.

EDERTASUNAREN UMILTASUN BASATIA

Edertasunaren umiltasun basatia
hondakinen artean lehian, guk eutsi egiten diogu.

Gizatasuna da axola duen gauza bakarra,
sinesgabeak gara, heretikoak,
besteari bizkarra ematen dion
dogma hiltzailearen erdian,
krimena errugabetasun hondarrez
apaintzen den garai honetan,
basakeria filosofia-tratatua
balitz bezala irakasten digutenean.

Edertasunaren umiltasun basatia
hondakinen artean lehian,
betazal ezin itzarriak behar dira
egun desesperatu hauetan.

Goazen Hannah Arendten eta Albert Camusen ondotik,
errealitateak gu ez gaitzan erotu.

«Pietatea da besteari tratu egokia ematen jakitea: jainko, abere, landare, gizaki gaixo edo munstro antzekoa bada ere».

Gizakia eta Jainkoa.
Maria Zambrano

II

EDERTASUNA HONDAKINEN ARTEAN LEHIAN

BAGARA

Metafisikak badu eragina ere
naturarekin dudan harremanean,
azken finean, oro ez al da izaki?
Banaizela besterik ezin sentitu
besteekin bat garela esan badezaket ere,
zuhaitz, txori eta mendiarekin.

HAREAZKO HIRIAK

Ikusi ditut mendiak hareazko hirietan desegiten,

lukurreria ekanduak
eta okerrean setatzea,
zeruko arroak lehortuz.

Gure aroa berriro da barbaroena.

KARDANTXILOEN KANTA

Gelatik entzuten ditut kardantxiloak
adar gainetan dantzan, haien txio-zalaparten
eta nire artean toki bat zabaltzen da,
ezberdina, intimoa, sakratua;
berezkoa da hemen edertasunaren arnasa,
esker onaren
gozamenean barrena joaten uztea.

Ez al da otoitz suerte bat?

Kardantxiloak kantari eta ni entzule,
tenplurik ederrena eraikitzen.

IDAZKETA

Ilunpean argitzen zaitu
isiltasunaren eskeko-lanak,
zure bazter-nahia momien hotsetik dabil ihesi,
kargugabetze ororen ikur gisa,
ez bada zerupeko zure oin-pausoena,
elur folio baten gainean
egunero erretzen duen zure mahaiarena,
zure makaltasunaren sustrai-dantza bortxaezin
horrena,
lanparen gisako zure hitzen urratsena,
mundua asmatuz.

ORBAINAK

Orbainak, bihotzaren itsumutilak.

GURASOAK

Gure aurpegi-eskuetan,
gure ibileran,
gurasoak islatuak,

adina aurrera ahala,
are argiagoak haien hazpegiak,

ez daude bizidunen artean,
lagun egiten digute, ordea.

Eguneroko ispiluan,
haiek gugan.

FOSILAK

Arrazoimenak dena errealitatean neurgarri nahi,
baina izpirituak, behin eta berriz,
neurtezina iradokitzen digu.

Oharmen sentiberak ateak irekitzen ditu
ikusten ez diren neurrietara,
ez litzateke halakorik inoiz izango notarioentzat,
itxurapenen kontu-emaileentzat,
fosilen nomenklatura itsuarentzat.

Ez fidatu inoiz zalantzarik ez duenaz,
zitroinez eta ezpataz gantzutu dute.

GELDITASUNAREN GORAZARREA EGUNSENTIAN

Egun bat gehiago zeruko hizkuntzari begira,
lehen argia hegaztiak esnatzen,
zin egiten dut presak,
denbora errauts bihurtzen duen horrek,
ez nauela harrapatuko,
poliki irakurriko dudala
gauzen musika,
haren misterioa.

Orduan sentitzen dut
unibertsoak eskuan hartuta nauela,
habiatik eroritako txoriñoa bezala.

TXORIEN HEGALDIA

Txorien hegaldia sentitzeko norberarena ezinbestekoa da maiz lurrera bota izana.

OROIMENA

Oroimena, arkatz bat igotzea
berpizteen aldarera.

BILAKETA

Edertasunaren bilaketa nirean,
inoren minarekiko errukimena.

ZU, LORATEGIKO GALENOA

Zu, lorategiko galenoa
txorien solaskide,
kapitain eroaren horditasunetik ihesi zoaz,
zeina hondakin aldiko gidari baita,
eskuetan arranditsu eusten dio
zaborra balitz bezala munduari.

HABIA-EHULEA

Ni bizi naiz
zuhaitz sustraien abaroan lo egin
eta airearen ontzian
haien izerdia edaten duenaren ondoan.

Anai-arrebak bezala hurbiltzen zaizkio
etxeko animaliak, habia-ehulea.

Hark erakutsi dit nola irakurri
espantuaren liburuko orrialdeak.

NIRE IZATEA, NIRE EZIN-IRAUNA

Nire izatea,
nire ezin-irauna,
nire aldia ihintz artean.

Gauzek ikara egiten nire begietan,
zein bere izenaren,
bere izatearen arrazoiaren zain,
baina irakurri ezin daramatzaten agiriak,
eta nigan punpa egiten harri-euria bezala.

Zu gabe,
beldurra nire zaindari bakarra.

EZ DAGO IZATEKO BESTE MODURIK

Ezin izan besterik, sugarra ez bada,
irrikan nago noiz elkartuko haizearekin,
nire zaurien argitasun zorrotza abiapuntu.

HAUSKORTASUN

Hegaztiak badaki ehiztariaren aurrean hauskorra dela, hala ere horrek ez dio kentzen hegaldiaren txoramena.

OINATZAK

Nire zaurien orbainen gainean
miserikordia-konpostaren gainean nola
lorategi txiki bat erein dut babesteko.

URA ISURIZ

Ura isurtzen dugu irakurri gabe,
bizitzari eusten dion sustraiaz ez jakitun,
harroturik lauhazka abiatu gara
hareazko zorabioetara.

ARGI BILA

Edertasunaren atzetik ibilia naiz
basamortu eta ozeanoetan barrena,
piltzar piloa oroimenean,
argi bila ibilia naiz ez zegoen tokian,
zu aurkitu arte
dena izan da porrota.

GIZON BAT EZAGUTZEN DUT

Gizon bat ezagutzen dut,
harriak txori bihurtzen dituen mirari egilea.

Paisaiarekin hitz egiten du,
eta anaiak deitzen die zuhaitzei,
zerua marrazten du ur-tanta batean.

Egunero bizia zabaltzen bere irribarreaz,
arrebatoa jotzen du,
eta badatozkio mariburduntziak, amilotxak eta katagorriak
eskuetara.

Huraxe da labirintoaren irteera argitu didana
eta galaxia ezezagunen bidea erakutsi.

Mendeak igarota, zain izan nuena
nire jaiotzaren beste aldean,
eta nire izenarekin jai-argiak piztu zituen
negu guztien ikararen gainean.

Harexek eusten dio munduari
txoriñoen hegalen gainean,
nire begien barruan.

Huraxe da, nire maitea, oxigenoaren adarrei eusten dien gizon dendrita eta nire biriken aurkako jazarpenari aurre egiten diona, hareazko armaden kontra borrokatuz.

Magoa.

HARRI IZAN NAHIA

Badira haga-harri eta estatua izateko asmoz bizi direnak,
mingostutako jendea,
haien itzala, triste eta hotza.

BESTERIK GABE IRAUTEA EZER GUTXI DA

Besterik gabe irautea ezer gutxi da,
bizitzeak eskatzen du bihotza sentitzea
sutea balitz bezala,

denbora hegaldia bezala
eta orbainak taupaka,
goiari karga arinduz.

ILARGI BILA GENBILTZAN

Alferrik aritu ginen ilargi bila,
bidea ulertu nahian,
beraz, ikasi beharra izan genuen
harrien hizkera,
eta haien zauri-alfabetotik
argitasuna nola ekarri berriro.

XXI. MENDEA

Badirudi esistentziaren enigma,
nondik gatozen, nor garen eta nora goazen,
ordezkatu duela XXI. mendean
zer erosiko dugun kezkak.

GALDERAK

Galderak dira hegalen ahalak.

HOMO SAPIENS

Homo sapiens bainoago, zoro hantusteak natura kontra,
giza espeziea ez den guztiaren
harrapakari hutsak,
eta oraindik barrezka ari dira,
ihesi joandako animalien sarraskiagatik,
airearen suan isuritako zuhaitzengatik,
nahita sortutako infernu bateko malkoak halakoak,
eta oraindik barrezka ari...

HAZIA

Hazia, txoria, sustraia,
ur eta argi alfabetoa,
oroimena behin eta berriz marrazten.

NIRE OINATZEN ERRAUTSAK

Sor bedi nire oinatzen errautsetatik
belar oparoa
eta bazka bitez hortik
zuhaitzak eta txoriak,
hauts eta airezko ekipaje honek
utzitako oroimena
izan bedi begi hotzen aterpe.

BELARRAREN AZPIAN

Belarraren azpian unibertso luze-zabala taupaka,
bizitzak han egiten eta desegiten bere paisaia intimoak.

Txikitasunaren
eta, ez ikusia ere,
txorien sapaiari eusten dion
ororen poetika indartsua,
gure babesle.

NORTASUN

Nor zen ezin jakinik,
aski zitzaion bat izatea unibertsoarekin.

AURKIBIDEA

Liburu hau Granadan amaitu
zen 2025eko uztailean

www.aversopoesia.com
hola@aversopoesia.com